INVENTAIRE

V31126

V

I0080304

ENTAIRE
1.126

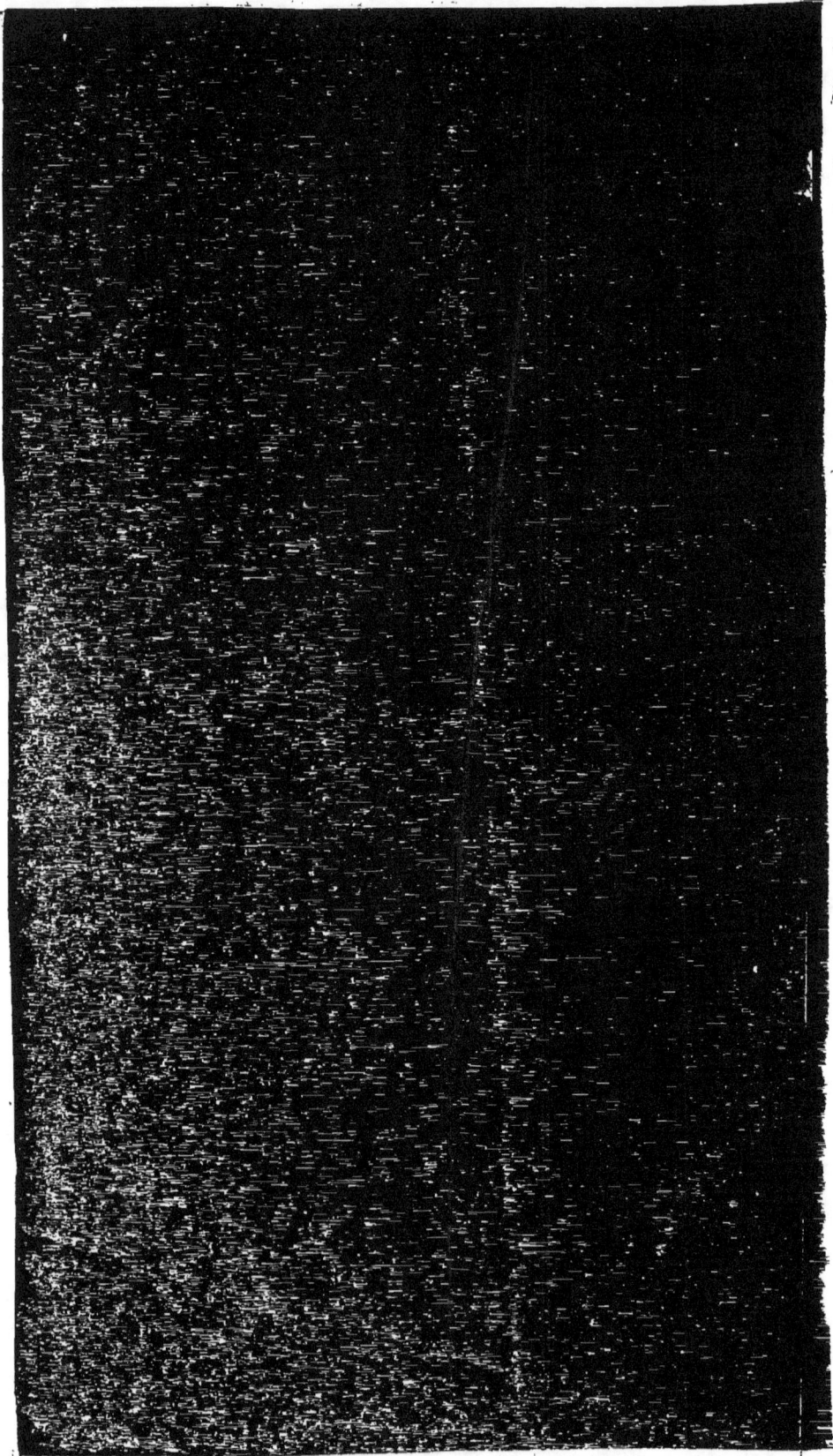

332

L'AVENIR INDUSTRIEL.

LISTE DES FABRICANTS.

PREMIÈRE SÉRIE.

A

Acier.

Vᵉ V. Chauvin, r. des Gravilliers, 10, acier poli et bronze, perles, etc.

Arquebusiers.

Beringer, r. de la Monnaie, 26.

Artificiers.

Honoré frères, r. La Fayette, 65.

B

Bijoutiers.

Court, r. de la Malle, 52, mécanicien pour les bijoutiers.

C

Carrosserie.

Julien Hoogtoel et Cie, rue Marbœuf, 42, et avenue de Saint-Cloud, 2 *bis*, carrossier.

Hurel, avenue des Champs-Élysées, 21, carrossier.

1860

Châles.

Alexandre-Louis et Cie, r. des Fossés-Montmartre, 1, châles français Ternaux.

Boule, boul. Poissonnière, 29, cachemires et dentelles.

J. Schonfeld, r. Saint-Denis, 375, filets, châles, etc.

Chapellerie.

Ch. Leclercq, r. des Blancs-Manteaux, 22, chapeaux en tous genres.

Giraux, r. de Rambuteau, 23, brides pour casquettes.

Hernsherm, frères, r. Bourbon-Villeneuve, 5, chapeaux de paille.

Chevaux (marchands de).

Bernard Levy, r. des Petites-Écuries, 25.

Corsets.

Levy sœurs, r. Notre-Dame-de-Nazareth, 12, corsets et ceintures.

Coffres-forts.

Lepaul, r. de la Paix, 2.

Confection.

Daniel Cahen et Cie, r. Jean-Jacques-Rousseau, 3, confection pour hommes.

Grenier, r. du Mail, 35, confection pour dames.

Seltier, r. des Fossés-Montmartre, confection en gros pour dames et enfants.

Léon Sausse, r. du Sentier, 6, confection pour enfants.

Delbeude, r. Saint-Martin, 147, confection pour hommes et enfants.

Conserves.

Lexcellent et Chevalier, r. Aubry-le-Boucher, 29.

Couleurs vitrifiables et apprêts pour fleurs.

Boutté, r. Neuve-Saint-Denis, 21.

D

Dentelles.

Ernest Ameline, r. Saint-Fiacre, 12, et r. du Sentier, 37, dentelles, blondes, etc.

Remy et Michel, r. Neuve-Saint-Eustache, 11, dentelles en gros.

Dents minérales.

N. Glaise jeune, r. Grenétat.

Dessinateurs.

Benoît fils, r. Jean-Jacques-Rousseau.
Ernest Protais, r. des Jeûneurs, 40, peintre dessinateur pour meubles.

Distillateurs.

Boutron-Lievois, r. Montmartre, 30.
Barbet, r. Montorgueil, 23.

Dorure.

Ruprech, r. Chapon, 33, dorure sur cuivre et équipements militaires.

Draperie.

Tocquart frères, r. Croix-des-Petits-Champs, 16, draperies et nouveautés pour pantalons.
Sailland aîné, r. Neuve-Saint-Eustache, 3, draperies et nouveautés en gros.
Foulon aîné, r. Coquillière, 34, draperies.
Daulne et Testas, r. Croix-des-Petits-Champs, 12, draperies et nouveautés.

E

Ébénisterie, menuiserie.

Assié, r. du Harlay (au Marais), ébénisterie de luxe.
Borel, r. de Montmorency, 15, fabrique de jalousies, menuiserie.
Zinkernagel, r. des Amandiers-Popincourt, 20, marqueterie et mosaïque.

Écrans.

Delaporte, r. de Nazareth, 12, écrans en tous genres.

Émailleurs.

Julien Robillard, r. de Montmorency, 41.

Éventails.

A. Subtil, rue Saint-Martin, 207, éventails en tous genres.
A. Forot, boul. Bonne-Nouvelle, 27, et r. Sainte-Barbe, 18, ombrelles, éventails.

F

Fleurs.

Chazères et Christophe, r. Notre-Dame-de-Nazareth, fleurs, socles et chenilles.

Dièvre, r. Saint-Denis, 305, boutons de roses.

Duteïs, r. Neuve-Saint-Augustin, 4, fleurs et feuilles artificielles.

Mouret, r. Bourbon-Villeneuve, 48, fleurs, feuilles et parures de mariées.

Louis Bax, successeur de Laère, r. Richelieu, 18, fleurs, feuilles et parures de mariées.

Quignon, r. des Gravilliers, 88, cœurs et boutons pour fleurs.

Humbert, r. Saint-Jacques, 65, imagerie, albums, etc.

Delor et Savreux, r. du Caire, 32, étoffes pour fleurs, livrées, tulles, etc.

Callerot Lorent, r. Bourbon-Villeneuve, 58, fleurs fines.

Salomon, r. de Mulhouse, 11, fleurs fines.

Prudeaux-Sous, faub. Saint-Denis, 5, boutons de fleurs, herbages.

Laloue et Grinfeld jeune, r. du Faub.-Saint-Martin, 52, fleurs en tous genres.

Jouve Delorme, r. faub. Saint-Denis, 16, fleurs fines.

Chauvin, r. Saint-Denis, 309, fabricant de fleurs.

Lacroix-Viellard, r. Aumaire, 49, fleurs fines.

Lelbronner Joseph, r. des Filles-Saint-Thomas, 7, fleurs et plumes.

Millou, r. Neuve-Saint-Augustin, 47, fleurs et plumes.

Giot jeune, r. Sainte-Barbe, 6, fleuriste.

Lecrique, boul. Bonne-Nouvelle, fabricant de fleurs, spécialité de violettes.

Gobin et Cie, r. Saint-Denis, 261 et 263, apprêts pour fleurs.

Eymond et Cie, r. Bourbon-Villeneuve, 26, étoffes et apprêts pour fleurs.

Elias, r. Bourbon-Villeneuve, fleurs pour parures.

Ch. Bienvenu, r. Saint-Claude, 8, fleurs.

Fumeurs (articles pour).

Siéjean-Boyer, r. du Temple, 71, blagues à tabac.

Fumisterie.

F. Huren, r. du Faub.-Montmartre, 42, fourneaux, cheminées.

Lany, r. Saint-Lazare, 101, calorifères.

F. Thorel et Cie, r. Tronchet, 29, fourneaux de cuisine.

F. Loupe, 28, r. Bellefond, boul. Poissonnière, 22, cheminées, calorifères.

G

Graveurs.

Roland, r. des Gravilliers, 10, graveur, estampeur pour bijoux.

A. Ulmann, r. de Bondy, 80, graveur sur cristaux.

Courtilier et Cie, r. Fontaine-au-Roi, 56, gravure sur bois pour impression.

Auguste Mouchon, quai aux Fleurs, 1, graveur sur étoffes.

Grillageurs, Tamisiers.

Leroy, r. Saint Antoine, 132.

H

Horlogerie.

Carnier Chirol et Cie, r. de Saintonge, 31.

Perrenoud, r. de Grenelle-Saint-Honoré, 43 et 45.

Baudin frères, r. de la Paix, 7, horlogerie, bijouterie.

I

Illuminations.

A. Favier, faub. Saint-Denis, 12, et boul. Saint-Denis, 22, articles d'illumination et abat-jour.

Imagerie.

Berrieux, r. des Grands-Augustins, 19, éditeur, marchand d'estampes.

J

Joaillerie.

Savary et Mosbach, r. Vaucauson, 2, joaillerie.

P. et L. Audouard, cour des Fontaines, 7.

N. Tottis, r. de Grammont, 23.

F. Kramer, r. Neuve-Saint-Augustin, 31.

Coffignon frères, r. du Temple, 189, bijoutiers-joailliers.

Jupons.

L. Sonntag, r. de Cléry, 21, jupons, crinolines, ressorts d'acier.

Matignon Colas, boul. de Sébastopol, 42, jupons acier.

Meunier et Cie, boul. de Sébastopol, 38, jupons en crinoline, cerceaux, etc.

L

Lanternes.

Büngens, r. de Penthièvre, 18, lanternes de voitures.

Laque en cuir-bouilli (meubles).

Lebrun, r. du Temple, 175.

Limes.

Pichot, fabricant, r. de Charonne, 40.

Dufour aîné, r. de Charenton, 59, cour de Bourgogne et faub. Saint-Antoine, 74.

Bouillaut fils, r. du Delta-Poissonnière, 17, limes d'acier fondu.

Linge.

J.-B. Deplasse, r. de Cléry, 22 et 24, linge de table,

E. Legret Dorusoy, r. de Cléry, 16 et 18, lingerie et nouveautés.

Mme Bouillon, r. Montmartre, 78, spécialité de lingerie.

Livrées.

Fulton, r. Saint-Honoré, 348.

Literie.

A. Piedefert, r. Saint-Honoré, 166, lits en fer, sommiers, tapis.

L. Cabaret, r. Montmartre, 30, toiles, sangles, coutils, etc.

Caillet, r. de Rambuteau, 59, lits en fer, etc.

H. Cortier et Honnet, r. Montorgueil, 46, laines, crins, plumes, duvets.

M

Mécaniciens.

Polinat-Coqueval, r. d'Alger, 18, à la Chapelle-Saint-Denis.

Mercerie et Passementerie.

Oscar jeune et Petite, rue de Tracy, 2, boul. de Sébastopol, 115, cols, cravates en gros.

Couchoud frères, r. de Rambuteau, 71, lacets en tous genres.

Martin aîné, r. du Mail, 18, passementerie, effilés, etc.

Dolsace frères, r. du Mail, 12.

A. Pousse, r. du Mail, 33, passementerie.

B. Giraudaîné, r. Saint-Denis, 229, passementerie, boutons de soie.

Guyot et Cie, r. Michel-Lecomte, 25, bourses en soie.

Barré, r. du faub. Saint-Martin, 31, cocardes civiles et militaires.

.Lambert, r. Mauconseil, 9, passementeries.

Musique (instruments de).

A. Martin, r. des Marais-Saint-Martin, 79, orgues expressives.
A. Leroux, r. de Crussol, 31, orgues-accordéons.
Saury, faub. du Temple, 25, manufacture de pianos.
Herce et Mainé, boul. Bonne-Nouvelle, 18, fabrique de pianos.
E. Durand, r. Fontaine-au-Roi, 58, fabrique de dièzes pour pianos et orgues.
M. Meu, r. de Bondy, 66, fournitures de pianos.
Souffleto, r. Montmartre, 161, facteur de pianos.
Augenscherdt-Everhard, r. du faub. Saint-Denis, 105, fabrique de pianos.
Michaux, r. de Sartine, 10 et 12, instruments de musique perfectionnés, en cuivre.
Lefèvre père et Cie, r. Rambuteau, 23 et 25, instruments perfectionnés, en cuivre.
A. Buffet jeune, r. de Sartine, 5, instruments de musique.

N

Nouveautés.

C. Lombard et Perrier, r. du Sentier, 20, noir et fantaisie pour deuil.
A. Fournier, père, fils et Cie, r. Neuve-Saint-Eustache, 32, satins, mérinos, nouveautés.
E. Galicher, pl. des Victoires, 5, noir en gros Reims, etc.
Hediard et Bomont, r. du Mail, 26, Orléans, Roubaix, satins, etc.
Briançon, r. Bourbon-Villeneuve, 33, mousselines, nansouks, velours.
Lefèvre et Leriche, r. du Bouloi, 8, nouveautés pour gilets.

O

Opticiens.

Fromantin fils, r. Saint-Martin, 217, lunettes, pince-nez et lorgnons.
Luquin et l'Hermité, r. du Temple, 74, opticiens fabricants.

Orfévrerie.

Bayeux, boul. de Sébastopol, orfévrerie, couverts Christofle.

P

Pierres.

Allemayer et Averbach, r. Saint-Denis, 243, pierres d'Allemagne, boutons fantaisie en tous genres.

Plumes.

Petit, r. Bourbon-Villeneuve, plumes pour parures.
Candas, r. Bourbon-Villeneuve, plumes pour parures.
Maupois, r. du Caire, 24, plumes, spécialité pour modes.
Chuyot, r. de Richelieu, 98, plumes et fleurs.

Q

Quincaillerie.

P. Audriot, r. Neuve-Coquenard, 30, espagnolettes, panoplies, calorifères, etc.
Larquet et Cie, r. des Enfants-Rouges, 7, étalages en cuivre pour intérieurs de magasins.

S

Sculpteurs.

Verry jeune, r. du Temple, 171. Sculpture sur ivoire.

Sellerie.

Degove, r. Saint-Denis, 8, et boul. de Sébastopol, 7, crépin, clouterie, articles de sellerie et bourrellerie.

T

Théâtre (articles de).

Chartier et Cie, r. Quincampoix, 58, armures en fer, cuivre, zinc et accessoires de théâtre.

Tissus.

Achille Hénocque, r. de Cléry, 16 et 18, tissus mérinos orléans.
Hipp. Souchon. r. du Sentier, 22, tissus écrus et nouveautés.

Treillageurs.

Veuve Lebon et Bomblier gendre, r. de Chabrol, 9, treillageur et fabricant d'échelles.

DEUXIÈME SÉRIE.

A

Allumettes, briquets, mèches, veilleuses.

Lanacastets et Rimailho, r. Rambuteau, 20, allumettes, mèches, veilleuses.

Merckel, r. Saint-Denis, 228, entrée r. du Petit-Hurleur, 7, allumettes et briquets.

Siglé, r. Rambuteau, 22, allumettes chimiques, amadou.

Ardoises.

Bailleux, r. du Petit-Thouars, 18, ardoises encadrées, etc.

Arquebusier.

Günther et Cie, r. du Faub.-Saint-Martin, 76, fabrique d'armes.

Carret et Viallet, r. Saint-Louis, 60 (Marais), armes de luxe, Liége et Saint-Étienne.

Baillot et Hébérard, r. Neuve-Saint-Eustache, 44, arquebusier.

B

Balances et mesures.

Louis Pouplier, r. Saint-Martin, 88, balances, poids et mesures.

E. Rougier, r. Michel-le-Comte, 16, mesures sur rubans.

Bandages.

Cavillon, r. Quincampoix, 79, caleçons périodiques, ceintures et bas élastiques.

Le Seul des Milan, r. du Jour, 3, boyaux de mouton neutralisés.

Bâtiments.

Buisson aîné, r. Saint-Antoine, 183.

Cristaux, r. Martel, 12, cristaux pour bâtiments.

O. Santerne, r. de Bondy, 70, moulures pour corniches, etc.

Bonnette et Richard, r. Marais-Saint-Martin, 68, chaînettes et jalousies.

Glaçon, r. Marie-Stuart, 17, jalousies à chaînettes.

Batteurs d'or.

Armand Ricaca, r. Aumaire, 48.

Bijouterie.

Houssard, r. Saintonge, 30, bijoux dorés.
Rose, r. des Blancs-Manteaux, bijouterie.
Léon Jullien, r. Saint-Martin, 343, bijoux dorés.
Gauchard, r. du Temple, 189, bijouterie en doré.
Orset, r. Aumaire, 27, bijouterie en doré.
Legros et Gros, r. du Temple, 78, bijouterie, joaillerie, or.
Dafrique, r. Jean-Jacques-Rousseau, 8, bijouterie, joaillerie.

Billards.

V. Blomberg, boulev. Bonne-Nouvelle, 31, billards de salon.
Lanoque, r. des Récollets, 11, billards.
Gerderès, r. Fontaine-au-Roi, 47, billards.
Barthélemy, Petite rue Saint-Pierre (r. Amelot), 22, billards.
Chamaux et Louchet, r. des Trois-Bornes, 29, queues de billard.
Ledée, r. des Gravilliers, 12, queues de billard.
Mottin, r. Beaubourg, 100, tabletiers, fournitures de billards.
Vᵉ Guillelouvette, pas. Saint-Nicolas, r. du Château-d'Eau, 50,
    r. des Marais-Saint-Martin, 79, billards en tous genres.

Bois.

Dupré, r. du Faub.-Poissonnière, 114 et 137, bois et charbons.
Armand Grapin, r. de Lisbonne, 33, bois cintrés en tous genres.
A. Malherbe, quai de la Rapée, 50, et rue de Bercy, 49, bois et
    charbons.
Clery fils, boulev. des Invalides, 6, bois et charbons.
Jayer et Beaupré, r. Moreau, 38, bois des îles.
Border, quai de la Rapée, 40, bois (sciage).
Henry Roty, quai Valmy, 69, bois et charbons.

Bouchons et bouteilles.

Desvignes, r. Saint-Honoré, 141, bouteilles et bouchons.
Ed. Trohobas fils, r. des Saints-Pères, 14, bouchons en gros.

Broderies.

Conter, r. du Sentier, 17, broderies confection.
H. Féron, r. du Mail, 19, broderies.
Chappuis, r. Saint-Denis, 285, dessinateur pour broderies.

A. Thomas, r. Tiquetonne, 11, dessins transparents pour broderies.

Bronzes.

Desrues fils, r. Saintonge, 24; r. de Limoges, 7, bronzes.
Gillet, r. Ménilmontant, 93, bronzes, etc.
Treuttel, r. des Fossés-du-Temple, 32, bronzes.

Brosserie.

Cherequefosse, r. du Temple, 83, brosserie.
Brudenne, r. Grenier-Saint-Lazare, 34, brosserie, peignes.
L. Daujon, r. Quincampoix, 58, brosses à peintre et pinceaux.

C

Cannes.

Pradier et Grouiller, r. Saint-Martin, 243, cannes, fouets et cravaches.

Caoutchoucs.

Barbier et Daubrée, r. du Faub.-Poissonnière, 40, caoutchouc manufacturé.

Caractères.

Riga, r. Saint-Jacques, 33, fonderie de caractères en cuivre, etc.
Veuve Judas et Cie, r. du Temple, 104, clicherie stéréotype.
Leclerc, r. de l'École-de-Médecine, 80, fonderie en caractères d'imprimerie.

Carrosserie.

Perrin, avenue des Champs-Élysées, 7, carrossier.
Guyot aîné, r. Miroménil, 46, bois cintré, menuiserie de voitures.

Cartes à jouer.

Serré, r. Quincampoix, 14, cartes à jouer.

Cartons.

J. Noël, pl. Saint-André-des-Arts, 11, cartons de paille, de pâte et de corde.

Châles.

Fabart et Tiret, r. des Fossés-Montmartre, 23, châles, cachemires, etc.
Hipp. Lair et Henry Lair, r. des Fossés-Montmartre, 15, châles et nouveautés.

Chaises et fauteuils.

Bruent, r. du Faub.-Saint-Antoine, 50, chaises et fauteuils.

Biaupin, r. de Charenton, 27, chaises et fauteuils.

Boudin Bernard, pass. du Chantier, 14, faub. Saint-Antoine, 66, fauteuils et chaises, et r. Charenton, 55.

Bernardou, r. du Faub.-Saint-Antoine, 56, fauteuils, chaises et canapés.

Chapellerie.

Marchal-Sansetau, r. Geoffroy-Langevin, 17, chapeaux de soie.

Monnier jeune, r. Saint-Martin, 35, chapeaux.

Alexandre de Mactignon, r. des Blancs-Manteaux, 22, chapeaux de feutre.

J. Legros et Lievermans fils, r. du Temple, 32, fabrique de casquettes.

Mariel, r. Rambuteau, 29, casquettes et chapeaux de fourrures.

Quillebaud et Cie, r. des Blancs-Manteaux, 47, chapeaux de paille fantaisie.

Deborre, r. Bourbon-Villeneuve, 31, chapeaux de paille, feutre, r. du Temple, 164, castor et soie.

J. Hérold, r. du Temple, 13, képis de collége et pension.

Guyon, r. Rambuteau, 29, feutres pour dames et enfants, nouveautés, soies.

Victor Verdot, r. Simon-le-Franc, joncs arrondis pour casquettes.

S. Lévy, r. du Temple, 36, casquettes,

Motheau, r. Royale-Saint-Honoré, 20, coffres-forts incombustibles.

Vallet, boulev. Bonne-Nouvelle, 7, mécanicien en coffres-forts.

Charpente.

Abault et fils, r. du Faub.-du-Temple, r. Corbeau, 23, entrepreneurs de charpente.

Chaussures.

Chappuis, r. du Faub.-Saint-Denis, 77, fabrique de chaussures.

Chemiserie.

François Sueur, r. des Jeûneurs, 46, chemises en gros.

Touchard, r. du Faub.-Saint-Honoré, 38, chemisier.

Aug. Boulanger, r. Vivienne, 47, chemisier.

May, r. de Richelieu, 106, et boulev. des Italiens, 14.

Chatel, r. Montmartre, 99, cols cravates, cols chemises.

Bonnevay, r. Vivienne, 59, chemisier.

Coffres-forts.

Petitjean, boulev. de Strasbourg, 31, coffres-forts incombustibles.

Colles.

Richard, r. du Temple, 83, matière première pour la fabrication des colles.

Confiserie.

A. Tremblay, r. du Puits, 7 et 9.

T. Sauvage, r. Aubry-le-Boucher, 29, confiseur.

Boyer et Krapf, r. Mandar, 3, moulistes pour les pâtissiers, etc.

Serigne-Benoit, r. de la Verrerie, 77, pralines, dragées, jujubes, etc.

Corail.

Jules Anrès neveu, r. Meslay, 4, corail, camées, etc.

D

Déménagements.

Allerme, r. du Bac, 93, déménagements.

J. Burnet et Cie, r. Drouot, 15, déménagements.

A. Lacroix, r. du Cherche-Midi, 14, déménagements.

Dentiste.

Veuve Bidart, r. du Faub.-du-Temple, 43 et 45, dents minérales.

Dorure sur bois, sur métaux et étoffes.

Santesson, pl. Royale, 9, dorure et inscription pour éventails.

Leblanc, r. Michel-le-Comte, 23, doreur sur cuir, velours et soie.

Bollé et Lenfant, r. Neuve-Ménilmontant, 8, et r. de Bretagne, 3, doreurs sur métaux.

Brun et Ferdinand, r. Greneta, 2, pass. Saint-Denis, escalier C, doreurs.

Adam, r. du Grand-Chantier, 5, encadrements en tous genres.

F. Dupont, marché Saint-Honoré, 31, passe-partout en tout genre, cadres dorés, etc.

J. Dublens, r. des Blancs-Manteaux, 26, doreur sur soie.

Cottereau, r. du Temple, 55, doreur sur cuir et soie.

Draps et nouveautés.

H. Fontaine, r. d'Orléans-Saint-Honoré, 12, draps et nouveautés.

...

Biarnois et Roble, r. des Deux-Écus, 24, draps nouveautés décatis.

J. Cabarets, r. des Deux-Écus, 27, draperie et nouveautés.

Droguerie.

Alexis Vergne, r. des Maçons-Sorbonne, 9, ponces en tous genres, émeri, etc.

Chardin, r. des Lombards, 28, pharmacien droguiste.

E. Blandet, r. de la Cossonnerie, 6, pharmacien, droguiste et herboriste.

Piver, r. du Faub.-Saint-Martin, 30, couleurs et vernis.

Mauduit et Famelart, r. des Lombards, 10, droguerie et épicerie fine.

Gerhard et Cie, r. Meslay, 20, mastic Dihl.

Félix Vannal, r. de Seine, 6, pharmacie.

Lepreux-Aubert, r. Simon-le-Franc, 13, colle de poisson.

Benoît Desfossé, r. de Bondy, 82, couleurs vitrifiables.

Metra et Ed. Genevois, 14, r. des Beaux-Arts, pharmaciens.

E

Eaux minérales.

Pousier, r. du Maure-Saint-Martin, 12, eaux de Seltz.

Nouveau aîné, r. Fontaine-au-Roi, siphons mobiles pour eaux gazeuses.

Villier aîné, r. du Temple, 219, gazogènes économiques.

D'Esebeck, r. Jean-Jacques-Rousseau, 12, entrepôt général des eaux minérales.

Échelles.

Guichar, r. Saint-Louis (Marais), 20, fab. d'échelles.

Enseignes.

Hochard, r. Bourbon-Villeneuve, 13, enseignes en tous genres.

Didiot, pass. Verdeau, 3, spéc. pour enseignes.

Anciem, r. du Petit-Carreau, 26, fabricant d'enseignes en tous genres.

Eperonniers.

Loiseau aîné, r. de Lille, 50, éperonnier.

Épiceries.

Cuvru et H. Marcotte, r. des Billettes, 11, glands doux, chicorée, etc.

Équipements militaires.

Mans, r. du Temple, 64, ornements militaires et cuivre estampé.

Quépratte, r. de Rambuteau, 43, passementerie, équipements militaires.

Guerlet, r. des Gravilliers, 47, ceinturonnier, équipements militaires.

Étiquettes.

Reibel-Feindel, val Sainte-Catherine, 14, étiquettes de luxe, imprimerie-lithographie.

Éventails.

E. Jette, r. Bourbon-Villeneuve, 48, éventails en tous genres.

F

Fantaisie (Articles de).

Bourgeois jeune, r. Saint-Martin, 275, petits bronzes de fantaisie.

Gustave Évrard, r. des Enfants-Rouges, 7, objets d'art et fantaisie en albâtre.

Aidée, r. de Bièvre, 23, carnets anglais.

Fleurs.

Compère, pass. du Grand-Cerf, 2, fabrique de fleurs.

Carchon, r. Saint-Denis, 287, fleurs en plumes, etc.

Fonderie.

Garnier, rue Folie-Méricourt, fonderie en cuivre.

Rousseau, r. Louis-Philippe, 40, fondeur en métaux.

D. Cazaubon, r. Saint-Martin, 314, fondeur-fontainier.

Fumisterie.

Lecocq, boulev. du Temple, 4, calorifères sans tuyaux.

Bal, r. de Jarente, 2, val Sainte-Catherine, fumisterie, calorifères.

Foulon et Ducorps, fabrique de coquillages en tous genres.

Chabaille-Liénard, r. aux Ours, 12, boîtes à dragées, etc.

Debuire, r. Saint-Martin, 260, articles de fantaisie, petits bronzes, objets d'étagère.

Fontaine, r. du Cherche-Midi, 86, mosaïques de Florence et marquetterie en tous genres.

Dardouville et Cie, boul. de Strasbourg, 19, fontaines hygiéniques.

Lachambre, r. Popincourt, 113, fontainier-marbrier.

G

Galvanoplastie.

E. Boulot, r. de l'École-de-Médecine, 65, clicheur en galvano-
plastie.

Ganterie.

Dumarget, r. Notre-Dame-des-Victoires, 23, gants de chevreau.
F. Boussard, boulev. de Sébastopol, 58, ganterie de peau.
Berthet, r. Saint-Denis, 249, gants de Saint-Juniers.
Vᶜ X. Jouvin et Cie, r. Rougemont, 1, gants.
E. Peyre, r. du Renard-Saint-Sauveur, 7, gants de peau.
Chosson et Cie, r. Montmartre, 55, gants en tous genres.

Gaz.

Vial, r. de Lancry, 50, éclairage et chauffage par le gaz, plom-
berie, etc.
Bourdon, r. de Limoges, 4, fabrique et installation d'appareils
à gaz.
A. Nollard, boulev. de Strasbourg, 46, compteurs à gaz.
E. Lemoine, r. des Saints-Pères, 40, plomberie à gaz.
Thollot, r. du Faub.-Saint-Denis, 148, compteurs pour le gaz.
Duval et Eustache, r. Sainte-Anne, 43, appareils pour l'éclairage
et le chauffage au gaz.
J. Deschamps, r. Michel-le-Comte, 16, appareils à gaz et plom-
berie.
Calamard, rue Chapon, 20, appareils à gaz.
G. Lafargue, r. de Lancry, 22, éclairage et chauffage par le
gaz.

Glaces.

De Pron et Cie, r. Culture-Sainte-Catherine, 28, étamage de
glaces, etc., à l'argent.
Plaisant, r. Hauteville, 10, boulev. Bonne-Nouvelle, 32, glacier.
Allard, r. Neuve-des-Capucines, 12, glacier.

Grainiers.

Courtois-Gérard, 34, quai de la Mégisserie, grainier-horticulteur.
Langlois, quai aux Fleurs, 5, grainier-horticulteur.
Tollard frères, place des Trois-Maries, 4, grainiers-pépiniéristes.

Graveurs.

A. Delannoy, r. du Temple, 15, graveur et doreur sur soie pour
la chapellerie.
P.-A. Faconnet, r. Mandar, 1, graveur.

Campan, r. du Luxembourg, 44, graveur.
Mondini, quai des Orfévres, 52, graveur.

H

Horlogerie.

Sonnborn, r. Saint-Louis (Marais), 33, bronzes, pendules.
Camille-Mariette, r. de Limoges, 8, pendules, bronzes.
Cachot, r. Rambuteau, 64, horlogerie et cordons de montre.

Horticulture.

Carbonnier, quai de la Mégisserie, 60, appareils pour l'horticulture, la pisciculture, serres, couveurs, etc.

J

Joaillerie.

J. Bigot-Dumaine, r. Boucher, 3, pierres, rubis, etc. (fabrique)

Jouets.

Dohis, r. Saint-Martin, 284, jouets d'enfants en gros.
André, r. Phelippeaux, 32, jouets d'enfants, fabricant d'animaux lainés sur soufflets.
This, boulev. du Temple, jeux de jardin et de salon.
A. Bordes jeune, r. du Grand-Chantier, 14, jouets d'enfants.
Chatel et Dehors, r. d'Angoulême, 8, jouets en gros.
Thivet, r. des Gravilliers, 24, jouets de toute espèce.
Max-Schudze, r. Sainte-Élisabeth, 6, jouets habillés.
Bécherot, pl. du Vieux-Marché-Saint-Martin, 9, jouets d'enfants en gros, etc.
Rungaldier, r. Chapon, 48, jouets en gros.
Mérat, r. Beaubourg, 50, tambours et laines pour jouets d'enfants.
Dessein, r. des Gravilliers, 18, jouets d'enfants (fer blanc).

Jupons.

Plaude-Coppaz, r. Saint-Denis, 286, jupons de toute espèce.
Leroy et Cie, r. Rambuteau, 27, corsets, jupes, etc.
J. Agostino-Sormani, r. Thevenot, 12, jupon coquille.

L

Lampisterie.

Maris, r. Saint-Jacques, 41, lampes à schiste, etc.
L. Béck, r. du Temple, 159, lampes.

BIBLIOTHÈQUE IMPÉRIALE

Renard, r. Ménilmontant, 26, lampes.

Duhanap, r. Bailly, 1, lampes et chandeliers.

Müller, r. de Grenelle-Saint-Germain, 66, lanternes pour voitures.

Maublanc et Bessière, r. Volta, 21, lanternes en tous genres.

Saint-Victor, r. de Saintonge, 53, abat-jour.

C. Pollart, r. du Chaume, 15, mèches veilleuses.

Manqua et Cie, r. de Malte, 42, lanternes de voitures.

A. Ribot, r. Hauteville, 5, éclairage à l'alcool dénaturé.

Librairie.

L. Robiquet, r. Saint-André-des-Arts, 2, libraire hydrographe.

Lingerie.

Sichel, r. des Jeûneurs, 44, lingerie, trousseaux, etc.

E. Lesage, r. Croix-des-Petits-Champs, habillements d'enfants, nouveautés, lingerie, etc.

V. Prevel, r. de Mulhouse, 3, lingerie, trousseaux, etc.

Korn et Ego-Morel, r. des Jeûneurs, 15, lingerie en gros, nouveautés.

Boulard et Piednoir, r. des Bourdonnais, 26, mouchoirs, toile et batiste.

Lemaître aîné et jeune, r. Salle-au-Comte, 15, chanvres, filasses, lins, etc.

Vᵉ Léon et Cie, pl. des Victoires, 12, lingerie et nouveautés.

Literie.

A. Brack, r. Rambuteau, 32 et 26, r. Beaubourg, 24, lits en fer et sommiers élastiques, laines, crins, etc.

M

Machines à tisser.

Petard fils, r. Albouy, 6, métiers Jacquart perfectionnés.

Machines à vapeur.

Joseph Berendorf, r. Mouffetard, 294, machines à vapeur.

Mécaniciens.

L. Eloy, r. de l'Hôpital-Saint-Louis, 5, constructeur-mécanicien.

E. Rottée fils, r. Popincourt, 34, mécanicien.

Papeil frères, r. Popincourt, 94, tourneurs-mécaniciens.

Motheau, r. Royale-Saint-Honoré, 20, mécanicien en coffres-forts incombustibles.

Cheneveau, rue du Faub. Saint-Martin, 152, mécanicien, spécialité pour la boulangerie.

Leprince jeune et Cie, r. de la Grande-Truanderie, 42, passementerie en or, argent, etc., fils pour l'électricité.

Martin, rue du Faub. Saint-Martin, 249, mécanicien hydro-extructeur.

Audenet, quai Jemmapes, 246, serrurier-mécanicien.

Branche aîné, place Bréda, 13, mécanicien.

Nolet, r. de la Lune, 35, et pass. des Panoramas, 21, mécanicien.

Bardier frères, r. Pierre-Levée, 4, constructeurs-mécaniciens.

Covlet, r. de la Chopinette, 15, mécanicien, pétrin mécanique.

H. Larochette aîné, r. du Faub.-Saint-Denis, 185, ingénieur-mécanicien, etc.

Mégisserie.

Baudoux, r. Censier, 39, maroquins et chamois.

Pradine, r. Censier, 9 et 11, maroquins.

Dumas père, r. du Four-Saint-Honoré, 12, cuirs et peaux.

Mercerie.

Martin. r. de Rivoli, 114, laines, canevas, cotons, tapisseries.

E. F. Krauss, r. de l'Échiquier, 30, galons et rubans de velours.

Vve Hervy, r. Rambuteau, 66, boutons d'os.

Chapsal et Bourdier, r. Croix-des-Petits-Champs, 13, boutons fournitures pour tailleurs.

Renoult et Cie, r. et cité Beaurepaire, 8, boutons, cordonnet et galons.

L. G. Pott et Hurrichs, r. Rambuteau, 22, tissus coton, laine et coton, ponchos.

Tourette et Cie, r. Saint-Denis, 173, fabrique de boutons.

Colombet. r. Albouy, 9, boutons rivés pour gants, boutons tournés en tout genre.

Salvador Terquence, r. de Cléry, 28, confection pour dames.

Dubettier, r. Bourg-L'abbé, 29, peignes en tous genres.

Laroche, r. du Temple, 114, cordons sans fin, cordons de montres.

Baudoin et Malan, r. Saint-Denis, 136, mercerie, rubans de soie en gros.

Énard, r. Saint-Denis, 206, rubans et chenilles,

Vallet, boulev. de Sébastopol, 47, galons velours, peignes ivoire.

Maillet-Hardy, r. de Rambuteau, 43, boutons en acier en tout genre.

Montégut, r. Saint-Denis, 215, chaînes de gilets, sautoirs, etc.

Bresson-Auger, r. Saint-Denis, 353, rubans, dentelles, etc.

Drouard, r. Saint-Martin, 236, peignes d'ivoire et billes de billard.

Métaux.

Contour, r. des Filles-du-Calvaire, 11, bronzes.
Derichemont, r. du Temple, 83, petits bronzes.
Laissement, r. J.-J.-Rousseau, 22, planeur en étain.

Meubles.

Vienge, r. du Faub.-Saint-Antoine, 56, fabricant de meubles.
E. Grillot, r. de Braque, 5, tabletier en écaille.
Moreau, r. du Temple, 219, coffres haute nouveauté.
Desange et Cie, r. Fontaine-au-Roi, 7, marmoreïde.
G. Vincent fils aîné, r. des Gravilliers, 42, meubles en laque.
Chesne, r. Saint-Maur, 163, nacre et laque pour meubles.
Foutanet, r. Neuve-Saint-Pierre, 6 (Marais), cuivre brut et fa-
   çonné pour meubles.
Vve Schmann, r. Neuve⁴ Ménilmontant, 7 et 8, ébénisterie en
   pendules.
Faust, r. Saint-Louis, 42, Marais, ébénisterie en pendules.
Kerkoffe jeune, r. du Faub.-Saint-Antoine, 127, buffets à éta-
   gères.
A. Burg, r. du Faub.-Saint-Antoine, 89, ébénisterie.
Bruxer aîné, r. du Faub.-Saint-Antoine, 99, et r. de Charonne, 38,
   pass. du Bras-d'Or, fabrique et magasin de meubles en tous
   genres.
J. Welsch, r. de Charenton, 35, meubles genre Boule et
Leudolph, r. Saint-Nicolas, faub. Saint-Antoine, 20, ébénisterie.
Beyer, r. du Faub.-Saint-Antoine, 82, petits meubles, toi-
   lettes, etc.
Rossel, r. du Faub.-Saint-Antoine, 71, armoires à glace, etc.
Ribal, r. du Faub.-Saint-Antoine, 51, ébénisterie.
Salomon, r. du Faub.-Saint-Antoine, 94, ébénisterie, bureaux.
Schlosser, r. du Faub.-Saint-Antoine, 85, ébéniste.

Miroiterie, encadrement.

É. Deschamps, r. du Temple, 122 et 124, miroirs de fantaisie et
   brosses à glace en bois et ivoire.

Brosses à glaces en bois et en ivoire.

Leblanc, r. Michel-Lecomte, 12, miroirs.
Desfosse, r. Saint-Sulpice, 38, cadres en tous genres.
E. Rollet, r. du Temple, 165, et r. de Bretagne, 65, miroiterie.

Modes.

Legrand et Fiquenet, r. de la Verrerie, 74, fournitures de modes.

Musique.

A. Courtois aîné, r. Folie-Méricourt, 36, instruments de musique.
Barbu, Cour des Miracles, 8, place du Caire, clarinettiste, anches.
A. Halary, r. des Poitevins, 6 et 8, instruments de musique.
Grandjon, r. Grenetat, 9, cordes harmoniques perfectionnées.

N

Naturalistes.

Éloffe et Cie, r. de l'École-de-Médecine, 10, naturalistes.

O

Opticiens.

F. Drier, r. Marais-Saint-Martin, 83, nouveaux compas.
Baserga et fils, pl. Dauphine, 24, ingénieur opticien.

Orfévrerie.

Alexandre Gueyton, r. du Grand-Chantier, orfévrerie et bijouterie d'art.

Ornementation d'église.

André Kreichgauer, r. du Bac, 128, chasublier brodeur.
L. Foëx et Cie, r. N.-D.-de-Nazareth, 25 ; Bonaparte, 84, ornements d'églises.
Célisse, r. Quincampoix, 31, pastillage.

Ouates.

Vallas, r. de Paris, 216, Belleville, ouates et coiffes de casquettes.

P

Papiers.

Didier Letacq, r. Rambuteau, 74, papiers imperméables bitumés.
Vincent et Tisserant, r. Michel-le-Comte, 19, encres de toutes couleurs.
Roguet, r. du Temple, 75, encriers néopompe et cafetière univase.
Delanne, r. Sainte-Barbe, 2, bleu roi, noir supérieur, bleu foncé, encre à copier, etc.
Gérard, r. Neuve-Saint-Merry, 16, encriers-pompe.

G. Leroy, r. Saint-André-des-Arts, encres de toutes couleurs.

Choqueuse, pass. des Panoramas, galerie Montmartre, 8, imprimerie lithographique, papeterie, etc.

Magnette et Cie, r. des Lombards, 25, imprimerie lithographique, étiquettes, etc.

Passementerie.

J. Jourdan et J. Kahn, r. du Petit-Carreau, 13, chenilles en tout
genres.

Donnatin. r. du Temple, 38, passementerie.

Domény, rue du Faub.-Saint-Denis, 101, pianos et harpes.

Peaux.

Battandier, r. Beaubourg, 65, Montmorency, 27, peaux de
chèvres.

Lamarre, r. Mauconseil, 36, peaux et maroquins.

Vve Guillaume, r. N.-D.-de-Nazareth, 76, peaux et maroquins.

Mantou, r. Rambuteau, 82, gants de Paris.

Jeannisson, r. Au Maire, 3 et 5, bourses en peau, gibecières.

Peinture.

Nardot, r. Charlot, 53, peinture sur aventurine.

Physique amusante.

Voisin, r. Vieille-du-Temple, 81, physique amusante.

Pianos.

Bardies, boulev. Poissonnière, pianos droits.

Chapuis, r. Ménilmontant, 125, fabrique de claviers, pianos et
orgues.

Plomberie.

Boutillier, r. Rougemont, 9, gardes-robes inodores.

Ch. Favier, r. Bergère, 34, appareils inodores.

Porcelaines.

Bourreiff, r. des Petites-Écuries, 12, cristaux et porcelaines.

Poterie d'étain.

Lecouvey jeune, r. Au Maire, 47, poterie d'étain, irrigateurs.

Q

Quincaillerie.

J. Prunier, r. Saint-Martin, 237, quincailleries, housses et nécessaires.

Aze Béranger, r. Rambuteau, 54, toiles cirées.

Sanders, pass. du Saumon, 16, fontaines à thé, bouilloires, etc.

Durandon et Cie, r. Jean-Beaucaire, 9, chaînes Vaucanson.

Ve Breton, r. Saint-Sébastien, 42, biberons art. de sage-femme.

Meraut, r. Neuve-Saint-Merri, 14, grosse brosserie.

Maillot Hardy, rue Rambuteau, 43, boutons en acier en tout genre.

Mignard fils, à Belleville, barr. du Combat, 18, tréfilerie de précision, cordes pour pianos.

A. Letroteur, r. Saint-Maur-du-Temple, 202, boulons.

Vauzielle, r. Saint-Maur-Popincourt, 152, boulons.

Lespadie frères, r. de Nemours, 12, fabr. de moules.

Lauzanne et fils, r. Poterie-des-Arcis, 24, moulures en tout genre.

Lachaise, r. Saint-Martin, 242, colliers de chiens.

Adrien Petit, r. de la Cité, 19, Clyso-pompes.

A. Denizard, r. du Château-d'Eau (cité du Vauxhall, 3), cafetière à pondérateur.

Atrux et Fournier, r. Tiquetonne, 16, laitons et fils électriques.

Trottier fils, r. Saint-Honoré, 4, moules pour pâtissiers.

Thiellay, r. Volta, 21, mesures linéaires.

Milani, r. du Temple, 183, entrée rue des Fontaines, 2, tôles et fers-blancs vernis.

R

Ressorts.

C. Geuvrin aîné, r. Au Maire, 7, ressorts à trous et à têtes, etc.

S

Sculptures.

Cecconi, boulev. Saint-Martin, 45, sculpteur figuriste.

Hugon-Roydor, pl. des Petits-Pères, 9, sculpture religieuse.

Serres, boîtes, etc.

Lefebvre, rue du Faub.-du-Temple, 92, châssis, bâches et serres portatives en fer.

Soies.

Tussac, r. Neuve-Saint-Eustache, 23, soieries, cravates et fichus.

T

Tabletterie.

C. Huel, r. Saint-Martin, 313, billes de billard.

C. Vallois, r. Sainte-Apolline, 9, ivoire brut et tourné, tourneur tabletier.

Gérard et Chouquet, r. Porte-Foin, 13, ivoire.

Faivre, r. de Rambuteau, 71, peignes.

Tapissiers.

Lecharpentier, r. Volta, 37, papier métallique contre l'humidité.

Jules Alabarre, r. Saint-Denis, 20, laines, tapisseries.

Mayer aîné et Cie, r. Saint-Denis, 148, tapis marques.

Toiles cirées.

A. Chiquaut, pass. du Grand-Cerf, 25, r. St-Denis, 237, toiles cirées, fabr.

Tourneurs.

Hardier, r. de la Pompe, 18, tourneur en cuivre.

V

Verroteries.

A. Soyer, r. Montmartre, 31, lettres en relief, écussons.

D. Bourgeois, r. Saint-Honoré, 376, cristaux, porcelaines.

Vinaigres.

Patin fils, r. Aiguillerie, 3, vinaigres blanc et rouge.

Dubosc, r. de la Verrerie 79, vinaigrier distillateur.

Vins.

Briaud, boulv. Saint-Martin, 31, r. Meslay, 22, vins fins et ordinaires.

Vitrerie.

Guzzi, r. de Rivoli, 100, diamants pour vitriers.

Voyage (Articles de).

Laurent, r. Beaubourg, 34, articles de voyage en tous genres.

Ch. Briée, r. des Gravilliers, 46, bouclerie, mors, plaques de lycées.

Turquois, r. Notre-Dame-de-Nazareth, articles de chasse.

TROISIÈME SÉRIE.

A

Abat-jour. Étiquettes.

Desaillet, L. Lopis et Cie, r. Vieille-du-Temple, 15.
Gousse, r. des Enfants-Rouges, 7 (Marais).

Acier poli.

Jules Poisson, r. Rambuteau, 32.
Alexis Granger, r. Beaubourg, 42.
Thuillier, r. Au Maire, 18.
Langlade, r. Chapon, 10; r. des Gravilliers, 19.

Aciers, limes et vis à bois, fers, etc.

Faureal, r. de Lancry, 26.
Sourzat, r. du Faub.-Saint-Martin, 116.

Agriculture (Instruments).

Laurent, r. du Château-d'Eau, 26.

Albâtre.

Dieudonné, r. Réaumur, 23.
Vullierme, r. des Gravilliers, 69.

Albumine.

Bessonnaud, r. Beaubourg, 32.

Almanachs.

Mac-Henry, rue de la Parcheminerie, 2.
Vatier, quai des Grands-Augustins, 39.
E. Janet, r. d'Anjou-Dauphine, 10.

Alphabets de graveurs et poinçons pour la musique.

Monpeur, r. des Vieux-Augustins, 53.
Jules Baunaux, r. de Grenelle-St-Germain, 122.

Aluminiums.

Lebrun, r. Rambuteau, 23.
Collet, r. Montmorency, 3.

...

Anatomie.

Bourgogne, r. Massillon, 4.
Vasseur, r. de la Sorbonne, 18.
Revil, r. Saint-Dominique, 13.

Anses de cafetières, bois, ivoire, etc.

Chertemps, r. du Temple, 140.

Antiquaire.

Aug. Verreaux, r. des Saints-Pères, 30.

Appareils pour eau de Seltz.

E. Rousselle, boulev. Bonne-Nouvelle, 35.
Durafort, r. de la Pompe, 18 (Porte Saint-Martin).

Appareils pour les sciences, opticiens, etc.

Léon Desbordes et Amédée Lipman, r. Vendôme-du-Temple, 13.
Jeanray et Christophe, r. Ménilmontant, 74.
Balbreck aîné, boulev. Montparnasse, 81.
Colombi fils, quai des Grands-Augustins.
Loiseau, quai de l'Horloge, 35.
Clermont et Martin, r. du Temple, 104.
Cloux, r. du Figuier-Saint-Paul, 1 bis.
Bertaud jeune, r. Saint-Jacques, 55.
Bianchi, r. du Temple, 78.
Beyerlé, quai Conti, 7.

Arbalètes, arcs et flèches.

Hurpy, r. Saint-Martin, 353.
Ployé, r. Amelot, 70.

Arçons de cavalerie.

Association des patrons et ouvriers arçonniers, r. Pétrelle, 18.
Parent et Bertholet, r, des Récollets, 11.
Rousselet, r. des Récollets, 15 et 17.
Collombier, r. des Vinaigriers, 53.

Armuriers, fourbisseurs.

Félix et Petit Prêtre, r. Bonaparte, 13.

Arquebusiers.

Emond père et fils, r. Thévenot.
Leroux (Léon), r. Richelieu, 31.

Lepage et Wilmotte, r. Rambuteau, 59.
Renoult, boulev. de Strasbourg, 30.
Francis Marquis, boulev. des Italiens, 4.

Artificiers.

Vve Ervilling, r. du Faub.-Saint-Denis, 124.
Aubin, r. Lafayette, 113.

B

Bâches et sacs.

E. Frélon, r. Saint-Honoré, 99.

Balanciers.

Besson, r. de la Ferronnerie, 2.
Testut, r. Popincourt, 78.
Wirel, r. de Poitou, 25.

Balles et ballons.

Dance, r. Dupetit-Thouars, 14.
Cholet, r. Saint-Martin, 197.

Bandagistes, orthopédistes.

Bourcy, r. Notre-Dame-des-Victoires, 7.
Docteur Jalade-Lafond, r. Coquillière, 12.

Bas élastiques en caoutchouc.

Ch. Ducourtioux, boulev. Bonne-Nouvelle, 9.

Bateaux (constructeurs de).

Coulon, r. du Pont-des-Saints-Pères (rive gauche).

Batteurs d'or et d'argent.

Bidault, pass. Pecquet, 11.
Beaucantin, r. Montmorency, 21.
Delaporte, jeune, r. des Gravilliers, 24, pass. de Rome, 12, 14.
16, 17.

Bercelonnettes, lits d'enfants, etc.

Baer, r. du Faub.-Saint-Antoine, 127.
Boisson, r. du Faub.-Saint-Denis, 136.

Bijouterie arabe.

Noley et Leradde, r. du Temple, 69.

Bijoux en jais.

Rouyer aîné, r. Réaumur, 23.
Boufflet, r. des Gravilliers, 60.

Bijouterie. Orfévrerie. Joaillerie.

J. Ochs, r. Notre-Dame-de-Nazareth, 30.
Aug, Marlé, boulev. Saint-Denis, 7.
Triebel, r. Phélippeaux, 28.
Duboz, r. Au Maire, 41.
Alexandre Drault, boulev. de Sébastopol, 70.
Lebrun, r. Rambuteau, 23.
Bergerie, r. des Gravilliers, 88.
Beauchelet, r. Beaubourg, 17.
Bouillette et Hyvelin, r. du Temple, 64.
Capra, r. du Temple, 163.
Amable Lesseur, r. du Temple, 115.
Bruneau, r. Montmorency, 40.
Brieus, r. du Temple, 143.
E. Lacroix, r. Michel-le-Comte, 1.
Collet, r. Montmorency, 3.
E. Rittaud, r. Montmorency, 42.
Vinot aîné, r. Dupetit-Thouars, 18.
Négro, r. Charlot, 24.
Lassagne, r. d'Anjou, 11.
De Cornet, r. du Temple, 207.
Marx, r. Notre-Dame-de-Nazareth.
Piel et Nanteau, r. du Temple, 79.
Legrand, r. du Temple, 79.
Graff, r. du Temple, 79.
C. Barron, r. de Braque, 10.
Finard, r. de Braque, 10.

Billards.

Godin-Giraux, r. de la Tour-du-Temple, 18.

Billards, queues et accessoires.

Doré, r. Amelot, 70.

Blanchisserie de toiles, etc.

Fonteneau frères, r. du Sentier, 35.

Bois des îles.

Chériot fils, r. du Faub.-Saint-Antoine, 74.
Quenet jeune, r. du Faub.-Saint-Antoine, 104.

Bois et charbons.

Brucelle, r. Rochechouart, 44.
Petit fils, r. du Cherche-Midi, 93.
Lacassagne, r. d'Amsterdam, 63.

Bois sculpté.

Viardot aîné, r. Rambuteau, 36 et 38.

Boîtes de montres. Rhabilleur.

Humbert Droz, r. Grenier-Saint-Lazarre, 34.

Bonneterie.

Hubert, r. Dauphine, 17.
Radigue, r. des Bourdonnais, 36.
A. Ponthieu et Aug. Lhoste, r. Bertin-Poirée, 12.
Colin, r. de Rivoli, 59.

Bougies d'Antony, cires.

Laurent, r. de l'Arbre-Sec, 54.

Boulons.

Leguay et Martinet, r. Saint-Labin (près la Bastille), 18.

Bourrelets d'enfants.

A. Charmouin et Thil, r. Saint-Denis, 227.

Bretelles, jarretières, etc.

Claret, r. Beaubourg, 45.
Mathé, r. Saint-Denis, 229.

Brodeurs.

A. Lepetit, r. Coq-Héron, 8.

Broderies et confections.

Mignot-Bommort, r. de l'Échiquier, 36.
Arthur Alexandre, r. de Cléry, 40.
Barjou-Deperrier, r. du Mail, 28.
Millet-Bouvier, r. du Sentier, 26.
Rheims frères, r. des Jeûneurs, 6.
Les frères Mantoux, r. des Jeûneurs, 39.
D. Berr et fils, r. du Sentier, 13.
Lucien Malézieux, r. de Mulhouse, 13.

Bronzes.

Ch. Pickard et Ad. Punaut, r. du Pont aux-Choux, 17.

Lay et Cher fils aîné, pass. Jouffroy, 29, 26 et 28.
Briant, r. de Vendôme, 23.
V. Évrard et J. Bertin, r. Saint-Louis, 86
Léotar, r. Neuve-Ménilmontant, 12.
Coquillion, r. Louis-Philippe, 10.
C. Lambin, Saguet et Fouchet, r. Porte-Foin, 19.
Bérard, r. Beaubourg, 40.
Bourgeotte, r. du Temple, 94.
Gripray, r. du Temple, 118.

Brosserie. Articles de Paris.

Bizet, r. Saint-Denis, 142.
Babou, r. Saint-Martin, 75.
Baugé, r. des Fontaines, 19.
George, r. Chapon, 33.

Brodeurs d'or et d'argent.

Jarlier fils, r. Saint-Denis, 243.
Tessier, r. de Grenelle-Saint-Honoré, 37.

Buscs magnétiques, etc.

Trouillet, r. Beaubourg, 78.
Roulet, r. Beaubourg, 83.
Jules Quantin, r. Rambuteau, 50.
Lacroix, r. du Petit-Carreau, 17.

C

Cabas, gibecières, porte-monnaies.

Herman-Grunbaum, r. du Temple, 176.

Calorifères, fourneaux.

E. Lolley, r. du Faub.-Poissonnière, 122.
Charroppin et Marc Carrieu, r. d'Angoulême-du-Temple, 48.

Cannes, fouets, cravaches.

Richard fils, r. Saint-Denis, 277.
Amiot, dit Martin, r. du Petit-Lion, 9.

Caoutchouc.

E. Morize et Cie, boulev. de Sébastopol, 37.
N. Boulet, r. Saint-Denis, 169.
A. Mager, r. des Fossés-Montmartre, 11.

S. Lévy, r. Notre-Dame-de-Nazareth, 12.
G. Berthier fils, r. du Temple, 178.

Calottes et casquettes.

Ferdinand Duboc, r. Rambuteau, 36.
Ernest Berdin, r. des Blancs-Manteaux, 42.

Caractères et vignettes à jour.

Bonnavert, r. Saint-Martin, 245.

Cardes en tous genres.

Lefrançois et Cie, r. de la Roquette, 142.

Carrosserie.

Fredet aîné, avenue des Champs-Élysées, 47.
Rety et Gille, r. Poliveau, 45.

Carrosserie (garniture de).

E. Damie, r. des Enfants-Rouges, 2.

Cartonnages.

Gavot jeune, r. Au Maire, 36.

Cartons, pâte et paille mécanique, etc.

Dumant, r. Hautefeuille, 20 et 22.

Casques.

A. Thiery, r. de Bondy, 70.

Ceintures à bascule.

Rainal, r. Neuve-St-Denis, 23.

Ceinturons de toute espèce.

Lecoq, r. Mauconseil, 9.

Chaînes en tout genre, clouterie.

Sébastien Bouillet, r. des Gravilliers, 25.
Petit, r. de Bondy, 76.
Armand, r. Chapon, 38.
Joseph Leroux, r. du Grenier-Saint-Lazare, 22.

Chaises et fauteuils.

Maneville, r. des Vinaigriers, 62.
Bénard, r. du Faub.-Saint-Denis, 87.
Lexcellent, r. de Charenton, 14.
Moulin fils, r. de Charenton, 20.

Châles, cachemires, etc.
F. Martin, r. de Richelieu, 93.
Ch. Gérard et Cautigny, r. des Fossés-Montmartre, 27.
Champion, r. Neuve-Saint-Eustache, 15.
Compagnie parisienne, r. Favart, 20 ; boulev. des Italiens, 9.
Ternaux, r. des Fossés-Montmartre, 1.

Chanvres, ficelles et cordages.
Émée et Waterbled, r. Grenetat, 3.

Chapeaux.
E. Doublet, r. Michel-le-Comte, 23.

Chapeaux de paille.
Olive et Joubineau, place et pass. du Caire, 2.

Chapeaux feutre du midi.
Charlet-Patry, r. Simon-le-Franc, 15.
Bréchon-Jametz, r. des Blancs-Manteaux, 41.

Chapeaux mécaniques.
Delamotte, r. des Billettes, 5.

Chapeaux refaits.
Delanoë, r. Sainte-Croix-de-la-Bretonnerie.

Chapelets.
Labbé et Guillouard, r. Sainte-Appoline, 2.

Chaufferettes.
Boité, r. Charlemagne-Saint-Antoine, 18.
Hérot, r. Rambuteau, 26.

Charnières pour pianos.
Delamotte et Moinat, r. Louis-Philippe, 36.

Charnières, pointes et fils de fer.
A. Picard-Carillon, r. Neuve-Popincourt, 7 *bis* et 11.
Imbert, r. de Charonne, 17.

Charbons de l'Yonne.
Godard fils aîné, quai de Valmy, 193.

Charbon double (Tourbe carbonisée dit).
T. Delettre, quai de Valmy, 189.

Chaudronnerie.

Grouffal aîné, r. du Faubourg-Saint-Antoine, 45, cour Saint-Louis.

Chaux hydraulique.

Sclacher, aux Moulineaux (Seine), r. Saint-Martin, 345.

Cheminées d'usines, de hauts fourneaux, etc.

Camusat, pass. d'Angoulême, 20.

Chemises, cols, cravates.

Gauthier, r. Richelieu, 35.

Chevaux (marchands de).

Isidore Moyse, Champs-Élysées, 22.
Maurice, r. de Berri, 1 ; Champs-Élysées, 102.
Nathan frères, avenue de Saint-Cloud, 31.
Laurent Hinard, r. du Marché-aux-Chevaux, 14 bis.

Cheveux (marchands de).

Ferdinand Antoine, r. du Bouloi, 4.
Danguy, r. Neuve-Saint-Martin, 269.

Chirurgie (instruments de).

A. Lüer, place de l'École-de-Médecine.

Chocolat.

Grenier, r. Grange-aux-Belles, 21.
Drillon, r. des Tournelles, 50.

Ciseleurs et plaqueurs pour l'équipage.

Walker et Carless, r. du Faub -Saint-Denis, 81.

Claviers.

Dormoy, petite rue Saint-Pierre-Amelot, ruelle Pelée, 11.

Cloches et suspensoirs.

F. Dutot, r. des Trois-Bornes, 9.

Clous dorés et argentés pour meubles.

Berge, r. Saint-Martin, 327.

Clous rivets.

Jacquemin, r. Phélippeaux, 29.

Coke, charbons de terre et de bois, bois, etc.

A. Bailly, quai de Jemmapes, 80.

J. Baudoin, r. Saint-Sébastien, 29.

Dulsau frères, quai de Seine, 31, à la Villette; r. des Petites-Écuries, 12.

Coiffures, bracelets résilles.

Prévost-Bernard, r. Bourbon-Villeneuve, 30.

Colliers de chiens.

Lemaire, r. Saint-Martin, 255.

Comestibles en gros.

Rebours-Guiselin, r. Rambuteau, 86.

Confections pour dames et enfants.

Robert et Mathey, r. des Fossés-Montmartre, 6.

Ernest Gacougnolle, r. Neuve-Saint-Eustache, 4.

Martineau, place des Victoires, 7.

Prat, r. Neuve-Saint-Eustache, 6.

Confiseurs.

Leprince, r. Coquillière, 40.

Le Bouquerel, r. Saint-Martin, 84.

Broutin, r. de Buci, 12.

Gillet, r. des Lombards, 22.

Routin, r. de la Vieille-Monnaie, 22, 24, 26.

Confitures, conserves.

Gémy frères, r. Saint-Pierre-Montmartre, 11.

Constructeurs-mécaniciens.

Gérard et Cardinet, r. du Grand-Saint-Michel, 24

Louis Deny, quai de Valmy, 103.

Leleu, Pisther et Clavier, boulev. Montparnasse.

Jules Chaleyer, r. du Roi-de-Sicile, 26.

Coquillages.

Foulon et Ducorps, r. Phélippeaux, 34.

Corbeilles, suspensoirs, cages.

Berson, r. des Quatre-Fils, 7.

Mazza, r. du Vertbois, 36.

Sala, r. Beaubourg, 40.

Corsets.

Mme Bonvallet, boulev. de Strasbourg, 5.
Veuve Foret, r. Neuve-Saint-Eustache, 41.
Louvet fils aîné, r. Rambuteau, 48.
Simon et Moyvillers, r. du Petit-Carreau, 34.
Bouché, r. Montmartre, 172.

Costumiers.

Babin, r. Richelieu, 21.
Delphine Baron, r. des Filles-Saint-Thomas, 7.
Honnier, r. des Colonnes, 2.

Coudre (Machines à).

Mayer, r. de Jarente, 7 et 9; r. du Temple, 50.

Couleurs, vernis et brosserie.

Le Garnier, r. Sainte-Anne, 46.
Gructgens et Cie, quai de l'Horloge, 11.
A. Lévy, r. Notre-Dame-de-Nazareth, 49.
J.-B. Perrignon, r. des Noyers, 54.
L. Renard, r. des Roziers, 17 et 26.
Made et Méraux, r. Grenier-Saint-Lazare, 4.
Forestier et Louge, r. Beaubourg, 100.

Couleurs vitrifiables.

F. Bunel, r. de Lancry, 10.

Coutellerie.

Groulon, quai Saint-Michel, 9.
Ferdinand Portrait, r. Corbeau, 15.
Darmoy, r. Au maire, 45.
Fortune, r. de Seine, 20.
Gérard et Bernard, r. Saint-Denis, 189 et 191.

Couvre-pieds piqués, etc.

Marie, r. Montmartre, 70.

Crémones, persiennes.

Osmont Féler, r. Dupetit-Thouars, 14.
Cesdrac, r. du Faub.-du-Temple, 88.
Rouillard, r. des Épinettes, 20, au bout de la Cité-des-Fleurs
(Batignolles).

Crinolines.

A. Pelletier, r. Meslay, 19.

Cuirs pour la chapellerie.

Agénor Guerbe et Cie, r. de Braque, 8.

Culottiers, guêtriers.

Fd. Walter, r. Richelieu, 67.
Nagel, r. Richelieu, 42.
Meyer et Vasse, r. Gaillon, 12.

D

Dentelles noires et blanches.

A. Boucher, r. des Jeûneurs, 39.
Albert Verdavainne, r. de Cléry, 17.
Aubert et Cie, r. de Cléry, 19.
Caron fils et Desmarets, r. des Fossés-Montmartre.
Landry, r. Neuve-Saint-Eustache, 5 ; r. de Cléry, 4.
Wautelez frères, r. de Cléry, 23.
Loiseau, r. des Fossés-Montmartre, 10.

Dentistes.

A. de la Barre, r. de la Paix, 2.
Levadour, boulev. Montmartre, 11.
Williams Rogers, r. Saint-Honoré, 270.
Georges Fattet, r. Saint-Honoré, 255.
D. Gion, r. de la Paix, 7.
Dr. Hénoque, r. Saint-Honoré, 253.
D'Arboville, r. du Helder, 1.
Adolphe Royer, r. Saint-Honoré, 191.
Garcia, r. de Rivoli, 59.

Dents minérales.

C. Lhopital, r. Jean-Jacques-Rousseau, 17.

Dessinateurs pour châles, etc.

Louis Schulz, r. Neuve-Saint-Eustache, 16.

Deuil-lingerie.

Keraval, r. de Mulhouse, 3.
F. Monnier, r. de Cléry, 29.

Deuil-nouveautés.

H. et L. Francfort, r. de Cléry, 19.
Henry sœurs, r. du Sentier, 28.

Distillateurs.
Joseph Cauvard, r. de Flandre, 47, à la Villette.

Doreurs sur bois.
Bourdon, r. du Château-d'Eau, 94.

Dorure, argenture.
Morée et Cie, r. du Faub.-Saint-Martin, 40.
Leridais, r. du Temple, 108, impasse de l'Échiquier.
Madeline, r. Aumaire, 46.
Lorrain, r. des Douze-Portes, 6 (Marais).

Dorure sur cuir, visières.
R. Duché, r. de l'Homme-Armé, 9.
Og et Dezais, r. du Temple, 104.

Draperies-nouveautés.
V. Chevreuil et Cie, r. Croix-des-Petits-Champs, 46.
J.-B. Hue, r. Coquillière, 22.
Édouard Leroux, r. des Bourdonnais, 36; r. Saint-Honoré, 14.
Alphonse Stoude, r. Coquillière, 24.
B. Duclos, r. Coquillière, 23.
E. Denis, r. des Deux-Écus, 48; r. Mercier, 15.

Droguistes.
Fourquet et Richard, r. des Lombards, 29.

E

Eau de Seltz.
Pierre Vapaille, r. du Faub.-Saint-Denis, 60.

Eaux minérales naturelles.
Eug. Thiriot, r. de Grenelle-Saint-Honoré, 28 et 30.

Ébénistes.
Schwerdorff, boulev. Beaumarchais, 26.
Audot, r. Neuve-Montmorency-Feydeau, 1.
Binet, r. du Faub.-Saint-Denis, 16.
Hamon, r. du Faub.-Saint-Antoine, 59; r. Charonne, 5, cour Saint-Jacques.

Écrans-carton. Montage de broderies.
Cantrel, r. Phélippeaux, 17.

Électricité appliquée aux besoins domestiques.

Masbon, Balsac et Cie, r. Vendôme, 9; r. Dupuis, 11.

Émailleurs.

Thomas, r. Thorigny, 4.
É. Hoinville, r. Phélippeaux, 15.
A. Rayé et Cie, r. du Temple, 131.
C. Dotin, r. Montmorency, 40.

Embaumements.

Balard, r. Sainte-Croix-de-la-Bretonnerie, 14.

Encres, cirages, vernis.

Guillon, r. Saint-Antoine, 46; r. Servandoni, 23.

Éperonniers.

H. et A. Rouy frères, Marais, 79; r. du Château-d'Eau, 50.

Épingliers-grillageurs.

Sauvage et Alix, r. Saint-Denis, 367.

Éponges.

Fleurant, r. Croix-de-la-Bretonnerie, 42.
Saite-Van Deursen, r. du Renard-Saint-Sauveur, 9.

Essences aux zestes de bergamote, citron et portugal.

Giovanni Nesci, r. Richer, 10.

Estampes, cadres.

Lordereau, r. Saint-Jacques, 55.

Estampeurs pour l'orfévrerie et la bijouterie.

Geot fils et Cie, r. du Temple, 36.

Étalages en bois.

Maubrée, passage du Caire, 12 et 40.
Pelletier, passage du Caire, 20; r. des Filles-Dieu, 33.

Étalages en cuivre et fer.

Bisson, r. du Temple, 195.
Maubrée, passage du Caire, 12 et 40.

Étriers.

Paugnon, r. Folie-Méricourt, faub. du Temple.

Éventails.

G. Beauraux fils et Cie, r. du Temple, 221.

F

Ferblanterie. Lanternes carrées et de voiture. Lampes.

Lachambre, r. Charlot, 49.
Peccate, r. des Gravilliers, 26.
Soret, r. Saint-Marcoul, 14 ; r. Conté, 3.
Ve Fiat, r. Saint-Denis, 287.
Bader, r. Au maire, 10.

Ferblanterie brute et polie, zinc, etc.

Lardé, Ravillat et Cie, passage Dubail, 29 ; r. du Faub.-Saint-Martin, 120.
Denis Buisson, r. Au maire, 13.

Feutres pour pianos.

Victor Barbier, r. de la Jussienne, 13.

Filets, gants, mitaines, châles, etc.

A. Foulquié et Cie, r. Hauteville, 20.

Filets pour lits de fer, etc.

Scoffier, r. du Petit-Lion, 15.

Fleurs en tous genres et plumes.

Fouquet, r. des Deux-Portes-Saint-Sauveur, 30.
P. Briat, r. de Richelieu, 84.

Fondeurs en cuivre.

Garnier et Prunet, r. des Trois-Bornes, 15.
Mayaud et Marche, r. de Malte, 7.

Fonte malléable.

A. Bougourd, r. de la Paix, 6.

G

Gants en castor.

C. Gallois, r. des Bourdonnais, 15.

Gants et guêtres.

Guichard, r. des Bourdonnais, 39.

Gants pour la garde nationale.

Brandebourger, r. des Fourreurs, 8.

Gants de peau.

Bernard, r. Saint-Denis, 326.

Garde-robes.

Ve Havard et Loger, r. Sainte-Anne, 23.

Géographie.

Barthelemier, quai des Grands-Augustins, 39.

Glaces Job.

Faivre, r. Michel-le-Comte, 23.

Gomme élastique, passementerie.

Phily et Finet, r. Montmorency, 42.

Graveurs-coloristes.

Charpentier, r. Notre-Dame-des-Champs, 8.

Graveurs de musique.

Jules Guillemard, r. Neuve-des-Petits-Champs, 11.

Graveurs en camées.

Blanchet, r. Chapon, 13.
Paul Lebas, r. Michel-le-Comte, 23.

Graveurs-estampeurs.

Garnier, r. des Gravilliers, 30.

Graveurs et clicheurs.

Dumont, r. Dauphine, 17.

Graveurs héraldiques.

Julien Adam, r. de la Perle, 3.

Graveurs-imprimeurs.

G. Malet, r. Richelieu, 11.
Achille Fernique, pl. Saint-Germain-des-Prés, 6.
Doublet, r. Saint-Jacques, 277.

Graveurs-lithographes.

Daux, r. Saint-Denis, 319.

Graveurs sur bois.

H. Porret, r. du Four-Saint-Germain, 41.

Graveurs sur métaux.

Bisson et Cottard, r. du Jardinet, 12.
Félix Niclaus, r. Montmartre, 157.
Pontefner, r. Larrey, 1.
Tambon, r. des Amandiers-Saint-Jacques, 12.
Adolphe Armbruster, pass. du Caire, 63.
Chevalier et Cie, r. Saint-Martin, 209.
A. Chevalier, r. Sainte-Anne, 42.
Auguste Biguet, Caire, 7.
Barthélemy, r. Dupetit-Thouars, cité Boufflers, 6.
Erhard Schieble, r. Bonaparte, 42.
Justaud de Bellevigne jeune, r. du Vertbois, 24.

Gravures (éditeurs de) et dessins d'architecture.

A. Bernard, r. des Grands-Augustins, 1.

Grènetiers, horticulteurs, pépiniéristes.

Couturier, boulev. des Capucines, 21.

Grillageurs, masques d'escrime.

Varnier, r. des Lions-Saint-Paul, 12.

Gutta-Percha.

A. Leverd et Cie, faub. Saint-Martin, 218.

H

Habillements confectionnés.

Hardy, Discry et Dugas, r. de l'Arbre-Sec, 52.
Giordanino, r. Croix-des-Petits-Champs, 30.
Mayer Lévy et Louzarick, r. du Bouloi, 4.
Boissier frères et fils, r. Croix-des-Petits-Champs, 38.

Harmoni-flûtes, orgues.

Dupland, pl. du Palais-Royal, 2.

Harnais.

Hermet, r. de Bondy, impasse de la Pompe, 13.

Horlogerie.

Coste frères, r. Saint-Denis, 20.
Blin, r. Mandar, 10.

J. Falconnier et Edmond Israël, r. de Rambuteau, 50.
Lezé et Richoux, r. de la Paix, 23.
Louis Audemars, r. du Bouloi, 17.
Patay, r. Vieille-du-Temple.
Collin, r. Montmartre, 118, 122.
Constantin Ketterer fils, boulev. Bonne-Nouvelle, 8.
Bourdin, r. de la Paix, 28.
D. Piguet, pl. du Marché-Saint-Honoré, 15.
A. Marchand, r. Neuve-Ménilmontant, 21.
V. Laneuville, r. Sainte-Croix-de-la-Bretonnerie, 17.
Leforestier, r. de Rambuteau, 61.
Lemaistre, r. du Perche, 7.
Hoffman aîné, r. des Enfants-Rouges, 4 (Marais).
Berrolla aîné, r. de la Tour, 2.
Honoré Arbez, r. Saint-Martin, 301.

Horlogerie (fourniture d').

A. Allaire, r. Saint-Martin, 227.
A. Aucher, r. Saint-Martin, 213.
Riflet frères, r. Notre-Dame-de-Nazareth, 76.

Horlogerie, lampes.

É. Chartier, boulev. Poissonnière, 17.

Horloges-tableaux, boites à musique.

A. Regnard et Berny, r. Meslay, 8.
Alexandre Souable, boulev. Saint-Denis.

Horticulteurs.

Rougier Chauvière, r. de la Roquette, 152.
Thibaut et Ketéleer, r. de Charonne, 146.
Bacot père, r. de Sedan, 2, à la Petite-Villette.
F. Cels, r. de la Chaussée-du-Maine, 69.
Paillet et fils, r. d'Austerlitz, 41.
Burel, r. des Francs-Bourgeois-Saint-Marcel, 11.
Filliette, r. des Garches, près Saint-Cloud.
H. Jamain, r. du Cendrier, 5, près le Marché-aux-Chevaux.

I

Insecticides.

Vicat, r. Saint-Honoré, 123, cour d'Aligre.

Intérieurs de cols en tous genre.
Bruneau, r. Saint-Sauveur, 24; Tiquetonne, 12.

Ivoire.
A. Vangorp, r. du Temple, 175.

J

Joaillerie, Ordres français et étrangers.
Chobillon, r. Croix-des-Petits-Champs, 16.

Jouets, jeux, instruments.
Roulez, r. d'Enghien, 9.
Duris, r. du Cloître-Saint-Jacques, 10.
Cavagnoux, r. Bichat, 8.

Jouets en fer-blanc.
J. Caron, r. Phélippaux, 34.

L

Lainages (rognures de).
Laval, r. des Trois-Couronnes, 37.

Lampes à modérateur.
L. Dalmas, r. d'Angoulême-du-Temple, 27.
Charbonnel, r. Au Maire, 42.

Lampes-phare.
Aubineau, r. du Faub.-Saint-Denis, 86.

Lampes-porcelaines.
Graillot, r. Phélippeaux, 8.

Lapidaires.
Jean Lejetté et Brethiot, r. Saint-Sauveur, 52.
Herman Regad, r. Chapon, 13.
Schnerb et Netter, r. Vendôme, 10.

Laque (Meubles en).
Mainfroy, r. du Faub.-Saint-Martin, 66.
Julliard-Bonnet et Cie, r. Albouy, 9.

Librairie.
Eugène Ducrocq, r. Hautefeuille, 10.

Lingeries.
Lepetit-Charollet, r. du Sentier, 10.

Lits et sommiers.
Desolle père, r. Notre-Dame-de-Nazareth, 17.

Literie.
Rosty, r. Tracy, 5.

Lunetterie en tout genre.
L. Le Page, quai de l'École, 10.
Vildieu, r. du Ponceau, 1.
Jamas et Jourdan, r. du Temple, 189.
Lézon frères, r. Neuve-Saint-Merri, 5.
Gillet, r. du Temple, 161.
Lamy frères, r. Chapon, 17.
Ducray, r. Chapon, 18.
Bourgeois, pass. Saint-Roch, 32.
Devevay, r. Saint-Martin, 223; pass. de l'Ancre, 6.
Lesné, quai de l'Horloge, 19.
Teigne, r. de Malte, 6.
Prudent, r. de Chabrol, 20.

M

Manches pour l'orfévrerie.
Devellenne, r. de Malte, 42.

Mantelets, manteaux.
Dupont, r. du Sentier, 37, r. Saint-Fiacre, 12.

Marbres maxillés.
Ch. Videgraine, r. Fontaine-au-Roi, 49.

Marbriers pour bronzes, etc.
Grandpierre fils, r. du Perche, 11 (Marais).
Fosset, boulev. Beaumarchais, 83.
Genevois jeune, r. Payenne, 1.

Marmoréide.
Desanges et Cie, r. Fontaine-au-Roi, 7.
Radier et Sarrasin, boulev. Beaumarchais, 84.

Maroquinerie.
Gillot frères, r. Chapon, 4.

Masques en tous genres.

J. Tranche, r. du Faub.-Saint-Denis, 104.

Mécaniciens, tours, etc.

Lamotte, r. du Faub.-du-Temple, 39.
Reymodon, r. des Gravilliers, 40.
Vacheron, r. La Fayette, 86.
Delahaye, r. Saint-Sébastien, 26.
Dupluvinage, r. de la Roquette, 114.
Culine, r. du Faub.-Saint-Denis, 79.

Mélisse des Carmes (Eau de).

Boyer, r. Taranne, 14.
Prosper Dumont, r. Saint-Honoré, 69.

Menuisier, modeleur-mécanicien.

A. P. Bonet, r. Ménilmontant, 114; imp. Godelet.

Mesures métriques.

Louis Decroix, r. Aumaire, 41.
Lusale et Lelièvre, r. Charlot, 4.

Métiers en tout genre pour passementeries

Chambeau aîné, quai Jemmapes, 260.

Meubles anciens et modernes.

Desailly, r. Saint-Roch, 37.

Meubles, étagères, etc.

Ch. Vierhaus, r. du Faub.-Saint-Antoine, 66.
Maire, r. du Faub.-Saint-Antoine, 51.

Miels en gros, cires.

Crouzier et Buirette, r. de la Verrerie, 83.

Miroiterie.

A. Ledentu, r. de Port-Royal, 5.
A. Benda, r. du Grand-Chantier, 7.

Modes, coiffures.

Mlle A. Emery, r. Neuve-Saint-Eustache, 44.
Mme Levy, r. du Sentier, 29.
C. Barbin, boulev. Sébastopol, 23.

Modes (Fourniture pour).

Alphonse Cochin, r. de Cléry, 10.

Testet, r. Bourbon-Villeneuve, 28.

Millet frères, r. Bourbon-Villeneuve, 18.

Femme Brochard, r. du Petit-Lion-Saint-Sauveur, 11.

Legrand et Picquenet, r. de la Verrerie, 74, r. Saint-Spire, 2, près le pass. du Caire.

Angelloz, r. Montmartre, 111.

Monuments funèbres.

Blot frères, r. de la Roquette, 184.

Jacquet, r. du Montparnasse, 59.

Hippolyte Lebègue, r. du Montparnasse, 71.

Lardot, r. de la Roquette, 181.

Seguin, aven. du Cimetière Montmartre, 18.

Blin, boulev. Clichy, 26.

Dumont, r. de l'Ambre, 25.

Delaforge, r. du Montparnasse, 75.

Brizard, r. de la Roquette, 170.

Gauvain, r. de la Roquette, 198.

Mosaïques de Florence, de Rome, etc.

A. Guili, aven. de Tourville, 1.

Donuzio-Barberi, r. Neuve-Saint-Denis, 2.

Kowalsky, r. Meslay, 56.

Robert et Barri, r. de Rivoli, 39.

Notte, r. des Vieilles-Haudriettes, 2.

Moules pour passementeries.

Gruzelle et Regnauld, r. Saint-Denis, 241.

Moulistes en fer-blanc, cuivre, etc.

Mélanie Létang et H. Schlim, r. Saint-Denis, 257, r. du Renard-Saint-Sauveur, 4.

Moulures guillochées.

Garnier, r. Amelot, 64.

Gauthier et Ragot, r. Montparnasse, 40.

N

Navettes pour tissage.

Blonde l(Henri), r. du Faub.-du-Temple, 133.

Nécessaires, objets d'art, etc.

Kapp et Staudinger, r. du Temple, 157.
Brière et Jouby, r. de Thorigny, 10.
Gerson et Weber, r. du Temple, 140.
Becker et Otto, r. du Temple, 79.
Berthet, r. du Temple, 198.

Noir de fumée.

Veuve Ducrettet, r. du Faub.-Saint-Martin, 237.

O

Orfévrerie (Service de table).

Fizaine, r. Notre-Dame-de-Nazareth, 45.
Vautrin fils, r. des Quatre-Fils, 15.
Huiguard, r. des Fontaines-du-Temple, 5.
E. Bayès, r. Charlot, 12.
L. Chablin fils, r. du Faub.-du-Temple, 27.
Moulinasse, r. Saint-Martin, 229.
Ch. Balaine fils, r. du Faub.-du-Temple, 97.
Savoy aîné, r. du Grand-Chantier, 3.
Erenard Rigolier, r. Chapon, 31.
J. N. Durand, r. du Faub.-Saint-Martin, 78.

Orgues.

Mustel, r. de Malte, 40.
Poirot, r. Saint-Denis, 374.

Orgues d'église.

Suret, r. du Faub.-Saint-Martin, 117.

Ornements d'appartements.

Dénis et Cie, r. du Faub.-Saint-Antoine, 115; pass. de la Bonne-
Graine, 9.

Ornements d'église.

Dénis et Cie, r. des Vieux-Augustins, 20.

Ouates.

Landou, r. Thévenot, 1.

P

Papeterie.

E. Grincour et J. B. Dobignie, r. Saint-Denis, 271.

Parapluies, ombrelles.

A. C. Filliol, r. du Faub.-Saint-Denis, 12.
Victor Besançon, r. Notre-Dame-de-Nazareth, 51.

Passementerie, mercerie.

Prat-Salle, Faure et Chaix, r. Rambuteau, 18.
Charlet, r. Richelieu, 41.

Passementeries militaires.

Mourre, r. Richelieu, 12.

Peaux en tout genre.

D. Letailleur, r. Neuve-Bourg-l'Abbé, 2.
Eugène Mallet, r. Mauconseil, 5.

Peignes en tout genre.

Burille, r. Saint-Martin, 104.

Pendules, bronzes.

N. Quillet et Roussel, r. Dupetit-Thouars, 16.

Pianos (Mécaniciens pour).

Gehrling, r. Ferdinand, 14, faub. du Temple.
Garot, petite rue Saint-Pierre, 28, et ruelle Pelée, 11.
Knerp jeune, r. du Faub.-du-Temple, 43.

Pianos (Facteurs), Orgues, etc.

J. Lacape, r. Saint-Louis, 47 (Marais).
Charles Voigt, r. Laffitte, 34.
F. Elcké, r. de Babylone, 47.
Détir et Cie, r. du Faub.-Saint-Martin, 122.

Piété (Articles de).

Bertin, r. Saint-Sulpice, 6.

Porcelaines, cristaux.

Garnier et Cie, Boulev. Montmartre, 18.

Porte-cigare, ambre.

Berthier aîné, r. Grenier-Saint-Lazare, 7.

Porte-plumes, porte-mines.

Duval-Denis, r. Dupetit-Thouars, place de la Corderie, 6.
Decastanette, r. Ménilmontant 7.

Poupées déshabillantes.

Alph. Verdavainne, boulev. Sébastopol, 33, et r. Saint-Denis, 118.

Presses à copier, à timbre sec, etc.

Oudart et Cammas, r. Saint-Martin, 331.

Q

Quincaillerie pour sellerie.

Copeau aîné et B. Cubain, r. du Faub.-Saint-Denis, 61.

Quincaillerie et métaux.

P. Duval, r. Beaubourg, 86.

R

Raquettes, volants, etc.

Thibout, r. du Petit-Lion, 22.

Rasoirs (Cuirs à).

Leulliet, r. Beaubourg, 105.
Chevallier, r. Montmorency, 40.

Ressorts pour chapeaux et jupons.

Portal, r. Neuve-Saint-Merri, 7.

Restaurants (Articles pour les).

G. Samson et Liesse, r. du Faub.-Saint-Martin, 3; pass. Brady, 1.

Robes de chambre.

Clairon, r. du Bouloi, 1.

Rouenneries.

Ch. Content, r. des Jeûneurs, 31.

Rubans de soie, etc.

Lucien Tuffier, r. Saint-Denis, 148; r. Rambuteau, 77.

S

Sacs de voyage et porte-monnaie.

Henry Schlose et frère, r. Chapon, 15.

Schiste.

Barbier, r. du Faub.-Montmartre.

Scies à découper.

Bürgkan, r. de Charonne, 54.

Sculpture antique.

Bonvalot, boulev. Beaumarchais, 100.

Sculpture pour bronze, fonte de fer, etc.

Sulpis Barthélemy, pass. Sainte-Anne; petite rue Saint-Pierre-Amelot, 8.

Sellerie en tout genre.

Durand, Desvignes et Thierry, r. de Trévise, 11.
Remière, r. de l'Arbre-Sec, 52.
Quillot, avenue Matignon, 1.
Warin jeune, passage de la Pompe, 16.
Battandier, r. de Lille, 35.
Collot, B. Collet et Cie, r. du Faub.-Saint-Martin, 120; r. des Vinaigriers, 50.
Daras, r. du Faub.-Saint-Denis, 50.
Perseil, r. du Faub.-Saint-Martin, 37.

Sellerie (Plaqueurs pour la).

Merlue et Albert, r. Dupetit-Thouars, cité Boufflers, 12.

Serrurie de bâtiment, etc.

L. Delanasseigne, r. du Chaudron, 10, et r. du Faub. Saint-Martin

Serrurier-bossellier.

Lemoine, r. Amelot, 34.

Siphons pour eau de seltz.

J. Le Roy, r. Sainte-Croix de-la-Bretonnerie.

Soufflets en tout genre.

Veuve Guichard, pass. Saucède, 20.

T

Talons de bois.

naudeau, r. Tiquetonne, 15.

Tambours.

Victor Prioris, r. Beaubourg, 70.

Tanneurs-corroyeurs.

Fauleau, r. Mauconseil, 24.

Têtes mobiles pour coiffeurs.

Daujard, pass. du Caire, 62.

Tiges piquées en tout genre.

Pin et Steiner, r. Rambuteau, 74.

Tirage d'or pour broderies et passementeries.

Masson, r. des Deux-Portes-Saint-Sauveur, 22.

Topique portugais.

C. Rouxel, r. des Puits, 3 (Blancs-Manteaux).

Tourneur.

Nouillon, r. Neuve-de-Lappe, 3, près celle de Charonne.

Tourneur à façon.

Voisenet, r. Neuve-Sainte-Catherine.

Tourneurs en cuivre.

Aubrée, r. du Vertbois, 49.
Pariset aîné, r. Neuve-Saint-Merri, 11.
Thibaudier, r. des Gravilliers, 3.

Tours de tête en gros.

Faroux, r. Montmartre, 33.

V

Velours d'Utrecht pour meubles.

N. F. Pierre, r. Saint-Honoré, 11.

Verrerie.

Alfred Verneau, r. Martel, 19.

Visières en tout genre.

Montangeraud jeune, r. des Blancs-Manteaux, 40.

Voitures.

Mühlbacher frères, r. des Champs-Élysées, 57.
Lehericy, r. des Vinaigriers, 40.
Lambert, r. Geoffroy-Saint-Hilaire, 12.

Voitures d'enfants en tout genre.

Guerin, rue du Château-d'Eau, 39.

Y

Yeux en émail.

Chappée, r. Vieille-du-Temple, 25.

FIN.

Paris. — Imprimerie de Ch. Lahure et Cie, rue de Fleurus, 9.

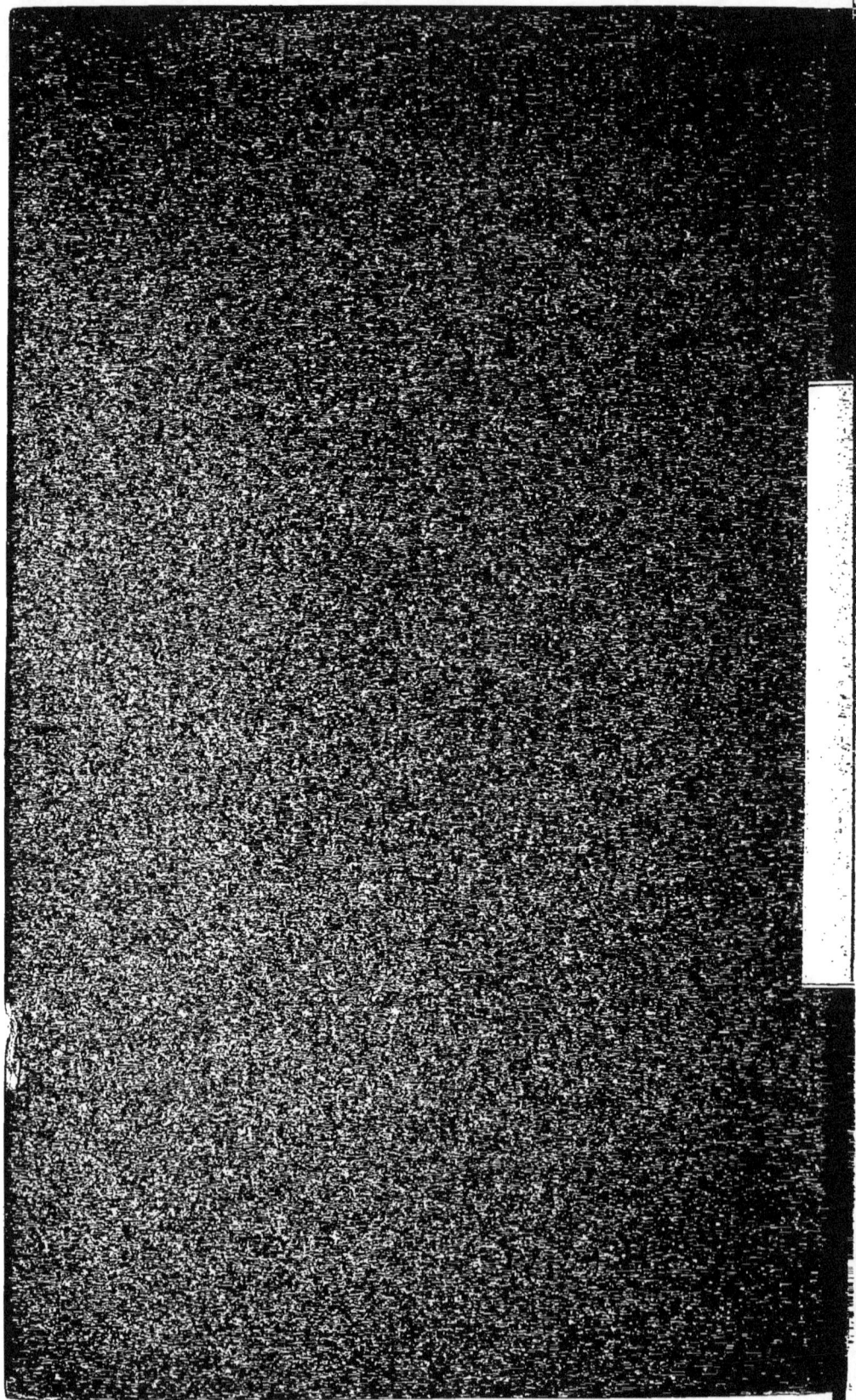

www.ingramcontent.com/pod-product-compliance
Lightning Source LLC
LaVergne TN
LVHW022029080426
835513LV00009B/946

* 9 7 8 2 0 1 3 7 0 5 5 9 2 *